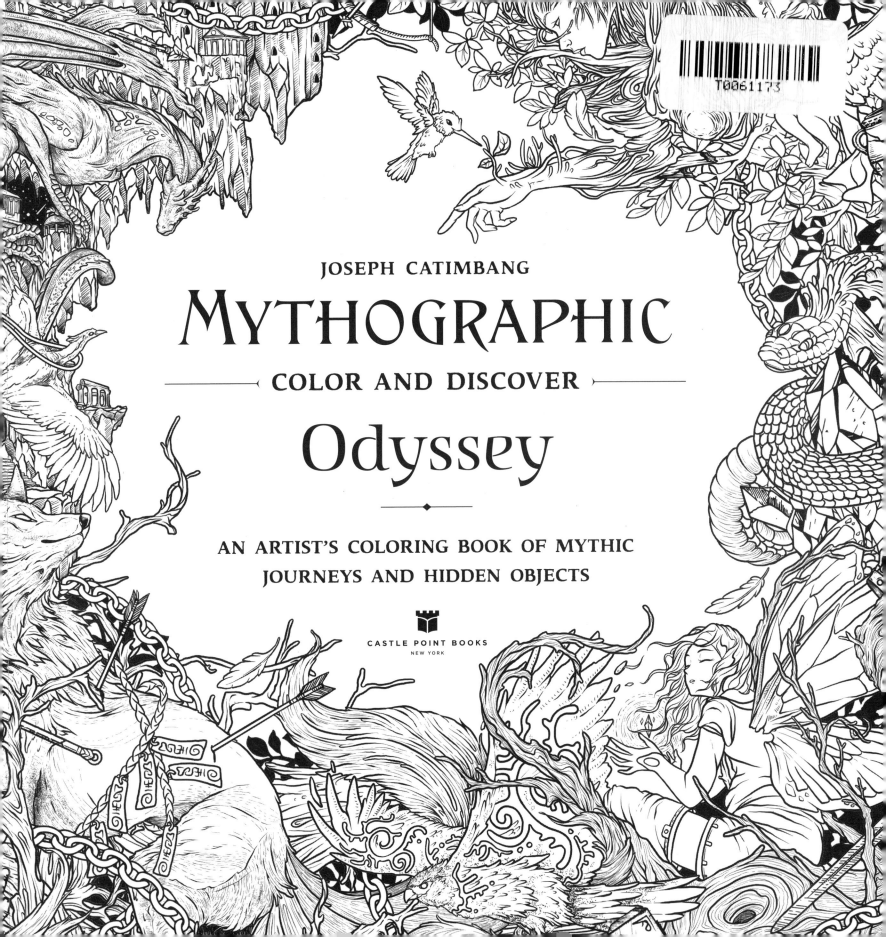

JOSEPH CATIMBANG

MYTHOGRAPHIC

‹ COLOR AND DISCOVER ›

Odyssey

AN ARTIST'S COLORING BOOK OF MYTHIC
JOURNEYS AND HIDDEN OBJECTS

CASTLE POINT BOOKS
NEW YORK

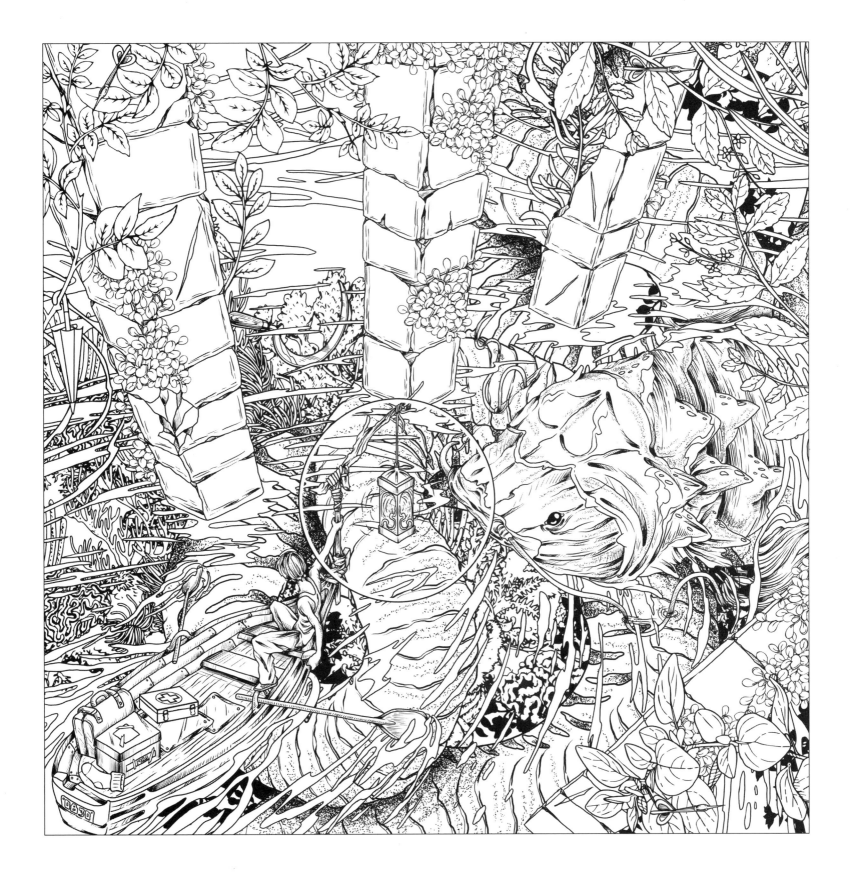

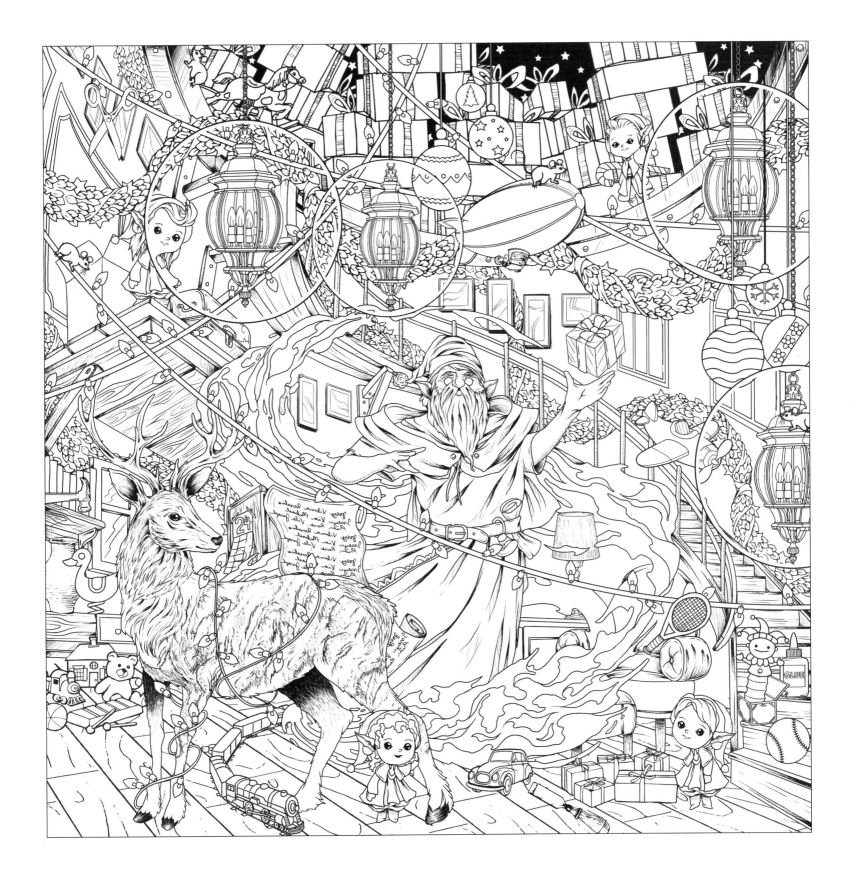

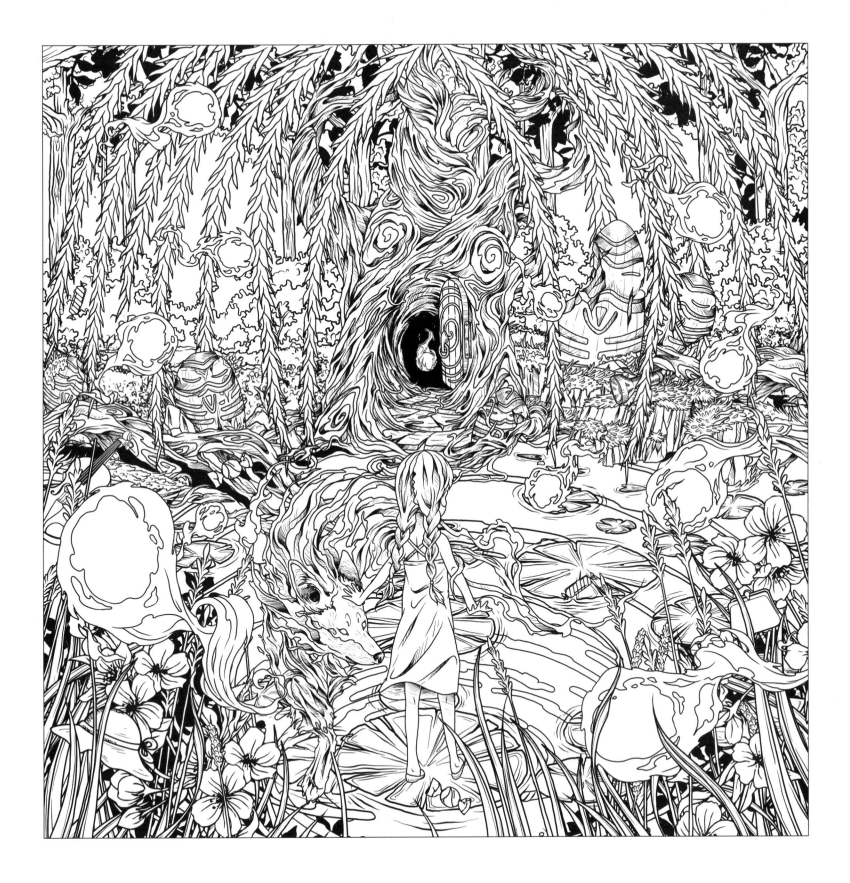

HIDDEN OBJECTS REVEALED

COVER

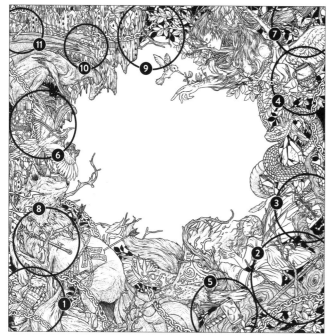

1 Gauntlet **2** Sword **3** Crown **4** Urn **5** Thor's Hammer
6 Gem Pendant **7** Butterfly **8** Scepter **9** Bow and Arrow
10 Spear **11** Flute

THE FATES

1 Locket **2** Keys (5) **3** Ring **4** Crystal Ball **5** Crow **6** Dagger

THE GAIA

1 Club **2** Acorn **3** Bone **4** Cheese **5** Apples (4)

THE NINE TAILS

1 Shuriken (3) **2** Bead Necklace **3** Paper Dolls (3) **4** Katana
5 Shogun Mask

THE TREE OF LIFE

1. Lady Bugs (3)   2. Stone Tablet   3. Apples (3)   4. Snake
5. Humming Bird

THE LEVIATHAN

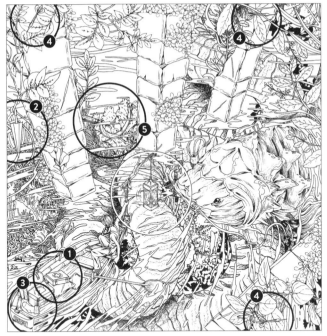

1. First-Aid Kit   2. Umbrella   3. Sock   4. Darts (3)   5. Sickle

THE DAY OF THE DEAD

1. Lamp   2. Maracas   3. Piñata   4. Guitar   5. Candles (3)

THE SEA DRAGON

1. Pirate's Hat   2. Sword   3. Paddle   4. Life Preserver   5. Pocket Watch

THE VOLCANO TITAN

1 Fire Extinguisher **2** Valve **3** Matchsticks (3) **4** Bucket
5 Roasting Marshmallow

THE TIGER SPIRIT

1 Fishhooks (3) **2** Lady Bug **3** Lizard **4** Flower Card **5** Goblet

THE TALOS

1 Wind-Up Keys (3) **2** Lock **3** Cuckoo Clock **4** Wrench **5** Hammer

THE ANUBIS

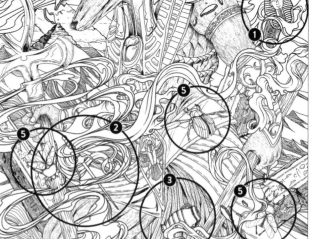

1 Pharaoh Mask **2** Dagger **3** Urn **4** Sun Card **5** Beetles (4)

THE YGGDRASIL SEED

1 Rake **2** Watering Can **3** Garden Shears **4** Garden Glove
5 Cashew Nuts (4)

THE TURTLE SPIRIT

1 Corn **2** Bow **3** Harmonica **4** Turtle Card **5** Arrowheads (4)

THE LADY OF THE LAKE

1 Wizard Hat **2** Wand **3** Paper Boat **4** Cat **5** Horse

THE MONKEY KING

1 Hawk **2** Medallion **3** Arrows (3) **4** Bottle Gourd **5** Snail

THE ADARNA

1 Lime **2** Cup **3** Drum **4** Stone Knife **5** Clay Pot

THE PHOENIX

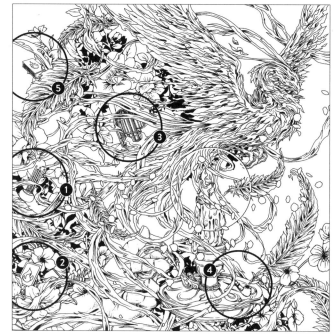

1 Incense **2** Fire Card **3** Bird Cage **4** Pipe **5** Matchbox

THE ALICE

1 Queen of Hearts Card **2** Chess Piece - Queen **3** Pocket Watch
4 Potion **5** Tea cups (4)

THE ICARUS

1 Sundial **2** Scroll **3** Candles (3) **4** Sheath **5** Gem Necklace

THE MEDUSA

1 Shield **2** Dagger **3** Mirror **4** Mask **5** Butterflies (3)

THE POSEIDON

1 Lobster **2** Seahorses (3) **3** Shell Flute **4** Seashell Necklace
5 Hermit Crab

THE SPIRIT PARADE

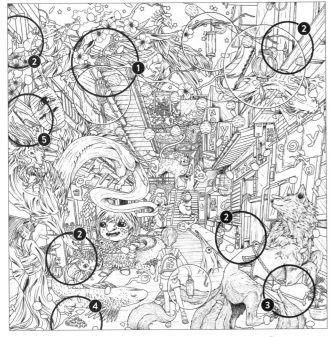

1 Amulet **2** Candles (4) **3** Wooden Cane **4** Pizza Slice **5** Book

THE MERMAID

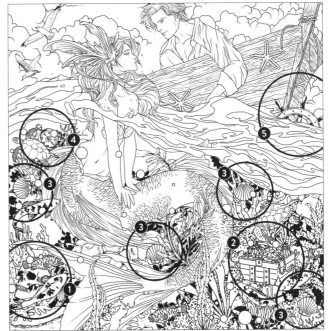

1 Skull **2** Treasure Chest **3** Clam Shells (4) **4** Compass
5 Ship's Wheel

THE ICE QUEEN

1 Ice Pick **2** Popsicles (4) **3** Gloves **4** Snow Globe **5** Squirrel

THE RED HOOD

1 Trap **2** Bunnies (3) **3** Beehive **4** Glasses **5** Pie

THE KING

1 Spear **2** Chess Piece - King **3** Crown **4** Shield **5** Coins (4)

THE GUARDIAN

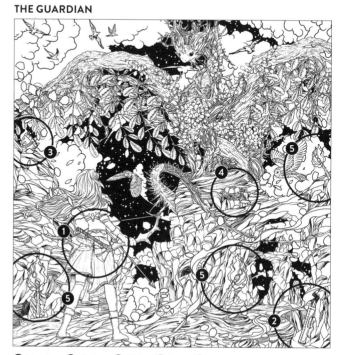

1 Hatchet **2** Quiver **3** Helm **4** Nest **5** Torches (3)

THE MOUNT OLYMPUS

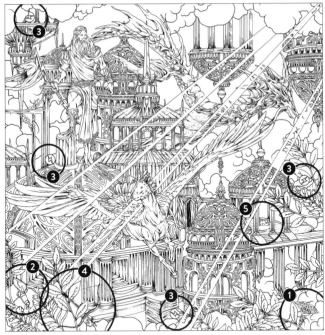

1 Caduceus **2** Winged Sandal **3** Balls of Lightning (4)
4 Bow and Arrow **5** Bowl of Fruit

THE ATLANTIS

1 Snorkel **2** Oxygen Tank **3** Diving Helmet **4** Trident **5** Turtle Shell

THE GENIE

1 Shackles **2** Turban **3** Sandal **4** Medallion **5** Bottle

THE EARTH TITAN

1 Butterfly Net **2** Satchel **3** Chess Piece - Rook **4** Beetles (4)
5 Lamp

THE CITY OF GOLD

1 Chalice **2** Gems (5) **3** Spider **4** Stone Axe **5** Skull

THE SELENE

1 Star Pendant **2** Dragonfly **3** Heart Card
4 Comb Pin **5** Tiara

THE WORKSHOP

1 Hammer **2** Chisel **3** Scissors **4** Glue **5** Mice (4)

THE TREE FOLK

1 Pineapple **2** Lemon Wedges (3) **3** Frog
4 Potted Flowers **5** Basket

THE WILD HUNT

1 Harp **2** Rune Stone **3** Flail **4** Horn **5** Belt

THE SANDMAN

1 Dreamcatcher **2** Hourglass **3** Milk Carton **4** Mouse
5 Strawberries (5)

THE ELEMENTALS

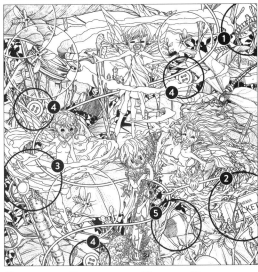

1 Bottle Cap   **2** Movie Ticket   **3** Earring   **4** Buttons (3)
5 Thimble

THE LIBRARIAN

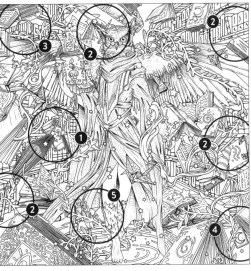

1 Jar   **2** Pencils (4)   **3** Magnifying Glass   **4** Moon Card
5 Letter

THE WILL O' THE WISP

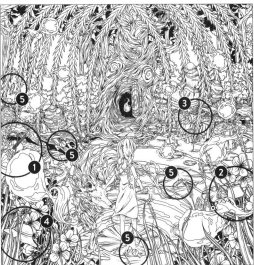

1 Violin   **2** Change Purse   **3** Flashlight   **4** Hat
5 Candies (4)

THE GRIFFIN'S NEST

1 Wooden Barrel   **2** Slingshot   **3** Eggs (5)   **4** Spyglass
5 Monkey

THE WORLD

1 Paper Airplanes (4)   **2** Globe   **3** Rowboat   **4** Suitcase
5 Message in a Bottle

Discover more of Mythographic

MYTHOGRAPHIC COLOR AND DISCOVER: ODYSSEY.
Copyright © 2020 by St. Martin's Press.
All rights reserved. Printed in Canada. For information,
address St. Martin's Press, 120 Broadway, New York, NY 10271.

www.castlepointbooks.com

The Castle Point Books trademark is owned by Castle Point Publishing, LLC.
Castle Point books are published and distributed by St. Martin's Press.

ISBN 978-1-250-27131-0 (trade paperback)

Cover design by Young Lim
Edited by Monica Sweeney

Our books may be purchased in bulk for promotional, educational, or business use.
Please contact your local bookseller or the Macmillan Corporate
and Premium Sales Department at 1-800-221-7945, extension 5442,
or by email at MacmillanSpecialMarkets@macmillan.com.

First Edition: 2020

10 9 8 7 6 5 4